AF253809

7

L K 2713

(Par l'abbé Jean-Jacques Gautier.)

(Par l'abbé Jean-Jacques Gautier.)

PRÉCIS

SUR LA

VILLE D'EXMES.

Veneti... Socios fibi ad id bellum
Offifmios, Lexobios...... adfifcunt
Cæs. Comment. de bello Gall.
L. 3. C. 2.

ACQUISITION
N.º 42644

1789.

AVANT-PROPOS.

LES Caldéens avoient des observations astronomiques, les Egyptiens des pyramides, les Grecs des poëmes & des théâtres, les Romains des armées, un Sénat & des Loix; & il n'étoit point mention de la Gaule-Celtique.

Jules César, le vainqueur des Gaules, est le premier qui en ait parlé dans ses Commentaires; & comment en parle-t-il?... avec la précision d'un Général d'armée, & avec la prévention d'un Romain, accoutumé à traiter les autres Nations de barbares. D'ailleurs a-t-il fait la Carte du pays, comme un Géographe? a-t-il discuté les Loix, comme un Jurisconsulte? a-t-il décrit la Religion, comme un Théologien? a-t-il observé les mœurs, comme un Philosophe? s'est-il amusé à débrouiller le chaos antique, dans un camp, comme un Bénédictin de la Congrégation de St-Maur, dans sa cellule?

Les anciens Gaulois ne nous font donc guère plus connus que les peuples de l'intérieur de l'Afrique; nous ne pouvons former sur eux que des conjectures, parce qu'ils ne s'occupoient que des arts de premiére néceſſité : qu'ils ne culti-voient aucuns arts de luxe ; & qu'ils n'avoient ni architectes , ni peintres , ni graveurs , ni fondeurs , ni hiſtoriographes.

Les plus anciens monumens qui nous reſtent, ne datent que des Romains ; & depuis les Romains , qu'avons-nous ? … Nous n'avons , pour nous éclairer ſur l'Hiſtoire du Monde , que les écrits de quelques Moines , d'Aimoin , d'Or-dric Vital , avec les Tables de Peutinger, trouvées dans un Cloître ; ce qui rend l'Hiſtoire ancienne auſſi difficile à faire , faute de matériaux , que l'Hiſtoire moderne , depuis qu'il y a tant de Greffes , tant de dépôts , & tant d'Ecrivains qui tranſmettent les minuties.

PRÉCIS

SUR LA
VILLE D'EXMES.

CHAPITRE PREMIER.

Position de la Ville d'EXMES.

IL est naturel de croire que les hommes se fixérent d'abord sur les terreins les plus fertiles, auprès des fontaines & des riviéres, qu'ils y bâtirent des cabanes ; & qu'ils vécurent isolés, en famille, sans commerce ni société. Mais lorsque la haîne se fut établie entre les frères, que la division régna entre les voisins, que le démon de la guerre eût soufflé ses noirs poisons, & que les villages se liguérent contre les villages ; alors naquirent les confidérations ; alors s'unirent différens peuples pour la défense commune ; alors se formérent les Nations !

A iij

Alors les hommes abandonnérent les fontaines limpides, les riantes prairies, gravirent les montagnes & les rochers, pour voir leurs ennemis de plus loin; s'y remparérent, élevérent des murs de terre, & roulérent de grosses pierres aux différentes entrées, comme les Israëlites à l'entrée de la grotte de Macéda. Toutes ces fortifications n'étoient pas conduites par des Vauban; mais elles suffisoient contre des guerriers qui n'avoient point d'artillerie, & qui n'étoient armés que de flèches de bois & de bâtons brûlés.

Nembroth passe pour le premier fondateur des Villes; & il est incontestable que les premiéres Villes ont été bâties sur des montagnes. C'étoit là que les peuples simples & grossiers s'assembloient pour tenir les différens conseils d'État, de la guerre, des dépêches & des finances; c'étoit là que se réunissoit le petit nombre d'artistes nécessaires à des hommes qui étoient couverts de peaux de bêtes, & qui mangeoient les fruits naturels de la terre sans apprêt; c'étoit là que le Pontife invoquoit le Dieu de paix, au nom de tous, sans disputes, ni controverses.

La montagne d'Exmes, escarpée, isolée, d'où l'on découvre un horizon de plus de quinze lieues, ne fut pas occupée une des derniéres; & elle devint la cité des différens peuples qui habitoient les bords de l'Orne, de la Dive, de la Touque, de la Rille, & même de la Sarte, & qui portoient le nom d'Oximiens.

Il y a des Auteurs qui placent en Bretagne les Oximiens, dont parle César dans ses Commentaires; je les renvoie à mon épigraphe, où les Oximiens se trouvent à côté des Lexoviens.

CHAPITRE II.

Gouvernement de la Cité d'Exmes, avant l'arrivée des Romains.

Il est fâcheux que nous n'ayons pas plus de lumiéres sur le Gouvernement des Gaulois, & que nous ne les tirions encore que de Céfar, leur vainqueur.

Il paroît que ces peuples avoient bien du courage & de l'énergie, & qu'ils étoient singuliérement jaloux de leur liberté.

Les Offimiens se gouvernoient démocratiquement, comme tous les peuples ont fait d'abord ; ils avoient des Magistrats, auxquels ils déféroient les affaires principales, mais dont ils limitoient les pouvoirs, qu'ils leur ôtoient, lorsqu'ils en abufoient.

L'égalité primitive n'existoit pourtant déjà plus dans la Cité ; & on distinguoit trois Ordres , le Clergé, la Noblesse & le Tiers-État.

Les Druides, qui étoient le Clergé de ce tems-là, avoient une grande autorité dans la république; ils jugeoient les causes ecclésiastiques , civiles & criminelles, préfidoient aux facrifices, interpretoient la Loi, & décidoient les cas de conscience. S'il s'élevoit des contestations pour les limites, pour les successions, elles étoient portées à leur tribunal; s'il se commettoit quelques crimes , ils impofoient la peine , dont ils différoient souvent l'exécution aux jours de fêtes : ce qui a fait dire à Céfar, qu'ils offroient en facrifice des victimes humaines. Ils avoient auffi des Collèges & des Académies pour l'inftruction des jeunes-gens, auxquels ils apprenoient des maximes de conduite, en vers, qu'il ne devoient jamais écrire, pour ne jamais les oublier.

Ces différentes fonctions difpenfoient les Druides d'aller à la guerre, dont les Chevaliers, qui font les Nobles d'aujourd'hui, étoient chargés fpécialement. Ils menoient avec eux leurs vaffaux ; &, bien loin de s'enrichir aux dépens de l'État, il ne s'approprioient même pas les dépouilles de l'ennemi : il y avoit dans la Cité, un lieu, où ils les dépofoient ; & c'eût été commettre un facrilége énorme, d'y toucher.

Le peuple n'avoit pas grande influence dans le Gouvernement de l'État, à l'ordinaire ; mais il ne vouloit pas qu'on l'opprime ; & on l'a vu quelquefois facrifier fes Magiftrats à l'amour de la liberté.

CHAPITRE III.

La Ville d'Exmes eft foumife à l'Empire Romain.

LES Offimiens, renfermés dans leurs murs de terre, étoient affez bien fortifiés pour fe défendre de leurs voifins : ces peuples qui ne combattoient jamais que pour laver une injure, ne prévoyoient pas qu'il y auroit une république, qui fe feroit un art de la guerre, & qui entreprendroit de foumettre à la domination le monde entier : ils ne prévoyoient pas que les Romains ; couverts de fer ; franchiroient les Alpes pour attaquer les Aquitains, les Belges & les Celtes , qui n'avoient rien à dé-mêler avec eux ; ils ne prévoyoient pas que les habitans des bords du Tibre s'aviferoient de vouloir commander aux habitans des bords de l'Orne & de la Dive.

Les fiers Romains avoient choifi Céfar pour dompter les Gaulois. C'étoit un homme capable de dompter l'univers entier, & les Romains eux-mêmes. Il avoit une figure noble & prévenante, une éloquence qui faifoit difparoître le danger, ou qui y précipitoit aveuglément, une clémence qui captivoit le cœur de fes ennemis mêmes. Il conduifoit des foldats, vieillis dans la difcipline, accoutumés à vaincre , & qui partageoient la bravoure du Général & l'efprit conquérant de la république.

Les Offimiens furent bien étonnés de voir des légions Romaines camper fur leur territoire , à Biere & au Châtelier ; ils ne cédèrent fûrement point tout-d'un-coup à des étrangers une partie de leurs foyers , & il fe livra bien des combats ; mais il falloit obéir à Céfar , & la Ville d'Exmes pafla fous la domination de Rome , vers l'an du monde 3932 , 68 ans avant Jefus-Chrift.

On pend un homme qui vole la bourfe d'un paffant, qui l'affaffine au coin d'un bois ; & l'on parle avec enthoufiafme de la république Romaine, qui s'étoit fait un fyftême de s'emparer de toute la terre, d'égorger toutes les Nations ! on célèbre fes victoires ; on déifie les Généraux ; on lit avec délices fon hiftoire, qui n'eft pas plus édifiante que celle des grands criminels que l'on vient de publier !

CHAPITRE IV.

Les Oſſimiens s'efforcent de ſecouer le joug des Romains.

LES Oſſimiens ne s'accoutumoient pas volontiers au joug des Romains; ils trouvoient toujours extraordinaire que des Peuples vinſſent de quatre cens lieues s'établir dans leurs foyers, leur donner des lois chez eux, leur impoſer des tributs; & ils tentérent pluſieurs fois de recouvrer leur liberté.

Céſar ayant été obligé de paſſer ſur les bords du Rhin, pour réprimer les mouvemens de quelques peuples d'Allemagne, qui portoient le joug avec impatience, laiſſa Craſſus pour ſon lieutenant dans la Gaule Celtique.

Les Oſſimiens profitérent de l'abſence du Général pour reprendre leur liberté, & firent alliance avec les peuples de Vannes contre les Romains.

Craſſus, qui pour lors étoit en quartier d'hiver dans l'Anjou, ignorant cette confédération, envoya dans le territoire d'Exmes des Officiers chercher du blé dont il avoit beſoin. Les Oſſimiens, dérogeant un peu au droit des gens, arrêtérent ces commiſſionnaires, & notifiérent à Craſſus qu'ils ne les lui rendroient pas qu'il ne leur rendît leurs ôtages.

Céſar accourut des bords du Rhin, laiſſa Sabinus chez les Oſſimiens, & ſe porta contre les peuples de Vannes, qu'il réduiſit bientôt; & cet homme, ſi doux, ſi clément, qui pardonnoit avec tant de générofité , fit-rafer toutes les fortifications , fit-mourir tous les magiftrats , & vendit tous les bourgeois à l'encan, comme l'on vendroit de vils animaux.

Sabinus n'eut pas fi bon marché des Offimiens ; il n'oſoit les attaquer , & fe tenoit retranché dans fon camp , où il auroit été facile de l'affamer & de le réduire : mais ces peuples impatiens , voulant le forcer dans fes lignes , fe perdirent par leur impétuofité ; & Sabinus , profitant de l'avantage des lieux , & de la fatigue des affiégeans , qui avoient monté précipitamment la colline , les mit en déroute , & en fit un grand carnage.

Les Offimiens firent un fecond effort pour fecouer le joug, pendant une feconde abfence de Céfar ; mais ils furent encore foumis par le Général en perfonne, & obligés de céder au génie du vainqueur des Gaules.

Les hiftoriens n'ont pas manqué de traiter de rebellions ces efforts réitérés d'une Nation généreufe ; comme s'il n'étoit pas permis à un Peuple de jetter les chaînes dont on l'a chargé malgré lui, & de reprendre fa liberté, lorfqu'il la retrouve ; comme fi les Offimiens n'avoient pas encore eu plus de droit de fecouer le joug des Romains, que les Romains n'en avoient eu de le leur impofer.

CHAPITRE V.

La ville d'Exmes passe sous la domination des Saxons.

Il y avoit quatre cents ans que les Romains commandoient dans la ville d'Exmes; & il paroît que les Ossimiens s'étoient un peu accoutumés à leur empire : ils ne remuoient plus ; mais cet empire étoit trop étendu pour se maintenir, sur-tout depuis que Constantin en avoit transféré le siége sur la Mer-noire.

Différens Peuples sortis du Nord de l'Allemagne, profitèrent de l'éloignement du chef & de la foiblesse des lieutenans, pour s'emparer des Gaules. Les Saxons furent les premiers qui se jettèrent sur ce beau pays : ils partirent en foule des bords de l'Elbe, suivirent les côtes, & vinrent débarquer dans le Bessin, à l'embouchure de la Seule.

Les Romains ne furent pas assez forts pour empêcher le débarquement, & ils furent obligés de souffrir ces nouveaux hôtes. Nous n'avons pas su tous les combats que les Saxons livrèrent avant de s'établir ; parce qu'ils n'avoient point un Général qui fit des Commentaires, comme César ; & qu'ils ne menoient point avec eux un historiographe pensionné.

Nous savons seulement qu'ils détruisirent la ville de Vieux, capitale des Viducasses ; qu'ils jettèrent les fondemens de la ville de Caen ; qu'ils se répandirent dans le territoire des Ossimiens, dans le

Houlmé, dans le Pays-d'Auge ; & qu'ils vinrent jetter les fondemens de la ville de Seès, à la source de l'Orne, comme ils avoient jetté ceux de la ville de Caen, vers son embouchure.

Il paroît que les Ossimiens ne firent pas de difficulté de recevoir le joug des Saxons ; ils n'étoient sûrement pas fâchés de l'humiliation de leurs premiers ennemis ; &, puisqu'ils étoient destinés à être gouvernés par des étrangers, il leur étoit sûrement fort indifférent de l'être par des Peuples venus des bords de l'Elbe, ou par des Peuples venus des bords du Tibre.

CHAPITRE VI.

La ville d'Exmes est érigée en Comté, sous le règne de Clovis.

Comme les Saxons avoient envahi les Gaules par mer, les Francs passèrent le Rhin, & les envahirent par terre. Pharamond, leur chef, s'y établit ; Clodion, Mérouée & Childeric y régnèrent malgré les Romains.

Clovis est pourtant regardé comme le premier fondateur de l'empire des Francs, par la défaite de Siagrius. L'empereur Anastase, le redoutant, lui envoya le titre & les ornemens de Patrice, avec une couronne d'or & un manteau de pourpre ; & aussi-tôt les différens peuples qui habitoient les bords de la Seine, de la Rille, de la Touque & de l'Orne, & qui étoient composés des Naturels, de Romains & de Saxons, se donnèrent à lui.

Ce fut alors que la ville d'Exmes paſſa volontairement ſous l'empire des François. Je ne dirai point, avec Ordric Vital, qu'elle devint la capitale d'un Royaume ; mais ce qui eſt certain, c'eſt qu'elle devint le chef-lieu d'un comté très-conſidérable.

Le comté d'Exmes s'étendoit au Nord juſqu'à la mer, à l'Eſt juſqu'à Nogent le-Rotrou, au Sud juſqu'à la Sarte, & à l'Oueſt juſqu'à Caen ; il comprénoit le Pays-d'Auge, l'Ouche, le Perche, la campagne d'Alençon, le Paſſais, le Houlme, & la campagne de Caen.

Les Comtés n'étoient point encore héréditaires ; c'étoient des bénéfices à vie, que le Roi donnoit aux principaux guerriers ; & ce ne fut certainement point un petit Seigneur qui poſſéda le comté d'Exmes, ce fut toujours un des premiers Princes du Sang.

Le Comte d'Exmes étoit, dans ſon Comté, le chef ſuprême de la Juſtice, de la Police & des Finances ; il faiſoit en même-tems les fonctions de Gouverneur, de Bailli & d'Intendant ; & il avoit ſous lui différens Officiers que l'on appeloit vicaires & centeniers, ce qui répondoit aux Lieutenans du Bailli & aux Vicomtes de nos jours.

On ne connoît pas toutes les vicaireries, ni toutes les centenies qui furent établies dans le Comté, & qui relevoient de la cour d'Exmes ; mais on ſait qu'il y avoit un vicaire, ou lieutenant du Bailli à Corbon, un centenier ou vicomte à Nogent-le-Rotrou, un autre à Sées, & un autre à Alençon.

CHAPITRE VII.

Litarède , Evêque d'Exmes.

NON-SEULEMENT la ville d'Exmes devint le siége d'un Comté ; elle fut aussi le siége d'un Evêché.

Le Fils de Dieu avoit parcouru la Judée pour annoncer le salut ; les Apôtres avoient parcouru la terre pour répandre cette bonne nouvelle, qui pourtant n'étoit point encore parvenue dans la Gaule-Celtique. Il y avoit plus de quatre cents ans que le Christ étoit mort, & les Ossimiens n'en avoient point entendu parler.

Ce fut St. Latuin qui vint le premier prêcher la Foi dans le pays d'Exmes, au commencement du cinquiéme siécle. Une belle prestance , une figure agréable prévenoient en sa faveur. Il annonçoit un Royaume éternel à de pauvres gens , à qui l'on avoit volé les biens de la terre ; l'égalité, la fraternité à des esclaves qui avoient porté les chaînes des Romains ; l'amour des souffrances à des malheureux qui gémissoient sous le fardeau : les miracles l'accompagnant d'ailleurs, pouvoit-il manquer de se faire écouter ? Il ne fut contredit que par une femme puissante, parce que les femmes sont naturellement plus attachées au superstitions que les hommes.

St. Sigisbold, St. Landri , Cril & Hubert plantérent & arrosérent la terre que St. Latuin avoit défrichée. Ils étendirent les conquêtes du Christ, augmentérent leur troupeau, formérent une Eglise affez confidérable ; & Litarède prît folemneffement la qualité d'Évêque d'Exmes.

Comme on affemble les Etats-généraux pour régler les affaires temporelles, on affemble les Conciles pour régler les affaires fpirituelles ; ce qui eft d'autant plus intéreffant, que c'eft la forme primitive & naturelle ; & que les hommes fe foumettent plus volontiers aux loix qu'ils s'impofent eux-mêmes, qu'à celles qui leur viennent d'ailleurs.

Clovis qui avoit reconnu le Dieu de Clotilde fa femme, & qui avoit baiffé la tête fous l'aiguiére de Saint Rémi, venoit d'indiquer à Orléans un Concile, pour régler certaines affaires de l'Eglife de France. Litarède s'y rendit : on réforma quelques abus ; & on y arrêra l'établiffement des Rogations, que Litarède adopta, & figna, en qualité d'Évêque d'Exmes.

Il y a des Auteurs qui prétendent que Litarède prît la qualité d'Évêque d'Exmes, parce qu'il y avoit une maifon de campagne. Une maifon de campagne dans une ville ! cela eft extraordinaire. Un Evêque du fixiéme fiécle avoir une maifon de campagne ! cela ne l'eft pas moins. Un Evêque prendre le nom de fa maifon de campagne dans un Concile ! cela l'eft encore davantage ; c'eft comme fi l'on difoit que M. d'Argentré, Evêque de Seès, prendra la qualité d'Evêque de Fleuré, parce qu'il y a fait bâtir un château.

CHAP.

CHAPITRE VIII.

Les Rois de France envoient des Commiſſaires à Exmes.

LES cités bâties ſur les montagnes, doivent céder par laps de tems à celles qui s'élèvent ſur le bord des riviéres, dans de riantes prairies. L'évêché d'Exmes ſe trouva démembré, je ne ſais comment; les Evêques de Liſieux & de Bayeux s'appropriérent les parties qui leur convenoient, & en formérent chacun un Archidiaconé; & le ſiége fut transféré à Seès, avec une partie ſeulement de l'ancien territoire.

Il ne reſta dans la ville d'Exmes que le ſiége du Comte qui y faiſóit toujours ſa réſidence. Nous n'avons pas la liſte des différens Comtes qui gouvernérent la ville d'Exmes & ſes dépendances; parce que dans ces tems-là on n'enregiſtroit pas auſſi exactement les proviſions d'un Chancelier de France, qu'on enregiſtre aujourd'hui celles d'un Notaire: mais nous ſavons que les Rois y envoyérent des Commiſſaires, qu'on appelloit *Miſſi-dominici*, pour ſurveiller les Comtes, qui abuſoient quelquefois de leur pouvoir.

Charles I, qui fut ſurnommé Charlemagne, parce qu'il étoit vraiment grand de corps & d'eſprit, qui régnoit ſur la France, l'Allemagne & l'Italie; qui ſavoit auſſi bien gouverner ſes Etats que les augmenter, envoya dans le Comté d'Exmes, en 770, un Commiſſaire nommé Magelgand, pour

B

vérifier fi la juftice y étoit bien rendue , la police bien tenue , & fi les deniers royaux étoient bien perçus & bien adminiftrés.

Charles II, qui ne mérita que le furnom de Chauve , parce qu'il l'étoit réellement , envoya auffi, aux mêmes fins, dans le Comté d'Exmes , un Commiffaire , nommé Hardouin , qui fut chargé de furveiller auffi les Officiers du Lieuvin & du Beffin.

CHAPITRE IX.

St. Godegrand , fils d'un Comte d'Exmes , Evéque de Sèes.

CE n'eft point un des mérites de St. Godegrand d'être né d'un Comte d'Exmes ; notre naiflance n'eft point en notre pouvoir : nos vertus feules font à nous ; mais on doit lui favoir gré d'avoir renoncé aux honneurs du fiécle , pour embraffer l'humilité de la Croix.

On n'avoit point encore établi de Maifons pour former des ordinands ; les Evêques ne confioient point à des étrangers le foin d'inftruire les miniftres. Ce fut donc dans la maifon de l'Evêque de Seès que le jeune Godegrand fit fon féminaire, & qu'il profita des avis précieux de St. Paul à Tite & à Timothée.

Il n'y avoit pas long-tems que St. Godegrand avoit reçu l'ordre de la prêtrife , lorfqu'il monta fur le fiége. Celui qui feroit devenu Evêque par fa naiffance , fi les Rois avoient nommé, fut choifi pour fon mérite par le Peuple & le Clergé.

Le Pasteur devoit rester au milieu de son troupeau pour le conduire & le garder : St. Godegrand crut faire mieux de quitter ses ouailles, pour aller à Rome rendre honneur au Chef de l'Eglise , & visiter le tombeau du Chef des Apôtres ; c'étoit l'esprit du tems.

Dans ce tems-là les revenus de l'Eglise étoient encore en commun ; & St. Godegrand , avant de partir, établit pour éconôme des biens de son Eglise , Chrodobert, gouverneur d'Exmes, son parent.

Chrodobert , en faisant la part des Chanoines & des Curés, n'oublioit pas la sienne ; & il prit tant de goût au gouvernement du temporel, qu'il voulut s'approprier aussi le spirituel ; & qu'il se fit ordonner Evêque, après avoir répandu que St. Godegrand ne reviendroit jamais.

Cependant St. Godegrand revint , & réclama le siége, que le Gouverneur d'Exmes avoit envahi. Chrodebert ne fit point de difficulté : il remit le gouvernement de l'Eglise de Seès à son Pasteur légitime ; mais il trama la mort du St. Evêque , avec un malheureux, à qui Godegrand avoit donné le nom.

Un jour que le Saint Évêque se mit en route pour rendre visite à sa sœur Opportune , Abbesse d'Almenèches ; son indigne filleul, aposté par Chrodobert, l'attendit auprès de Nonant, lui sauta au col pour l'embrasser ; & en même tems le frappa mortellement au sinciput & le laissa sur la poussiére. On dit que le Démon s'empara aussitôt du cruel assassin ; mais il me paroît qu'il s'en étoit bien emparé auparavant.

Si, pour être martyr, il est nécessaire de mourir pour la foi ; Saint Godegrand, assassiné par son filleul, en allant voir sa sœur, n'est point martyr dans la force du mot : cependant l'Église de Sées célèbre le martyre de Saint Godegrand, comme on célèbre celui de Saint Thomas de Cantorberi, qui mourut pour le temporel de son Église.

CHAPITRE X.

Sainte Opportune, sœur de St. Godegrand, Abbesse d'Almenèches. St. Evroult fonde des Monastéres aux environs d'Exmes.

COMME la valeur, la dévotion est quelquefois héréditaire dans certaines familles. Dans le même tems que le jeune Godegrand prît la tonsure cléricale, sa sœur Opportune prît le voile religieux dans un des Monastéres d'Almenèches.

Les Monastéres étoient des maisons de retraite, où les Chrétiens se réfugioient, pour se mettre à l'abri de la méchanceté du monde, comme ils se retiroient dans des Châteaux, pour se mettre à l'abri des tyrans ; il y en avoit pour les hommes, & pour les femmes, qui en avoient d'autant plus besoin, qu'elles font plus exposées, & peut-être plus foibles.

Saint Evroult, dont le nom est aussi célèbre dans le pays d'Exmes, que celui même de Saint Latuin, se répandit dans la Haie d'Exmes & dans la Forêt d'Ouches, où il trouva des hommes qui vivoient comme des sauvages, & presque comme des brutes ;

il les adoucit, les civilisa, en fît des Chrétiens &
même des Religieux. Ainsi jadis Orphée, par la
douceur de son chant, attendrissoit les rochers &
adoucissoit les bêtes féroces.

Ce grand Saint éleva quinze Monastéres dans les
environs de la ville d'Exmes ; il y en avoit jusques
à deux sur le seul territoire d'Almenèches, dont les
parentes de Saint Godegrand étoient supérieures.

Les vertus des femmes qui sont renfermées dans
leur ménage, sont moins éclatantes que celles des
hommes, & les vertus des Religieuses doivent encore moins éclater que celles des femmes qui vivent
dans le monde ; cependant les vertus de Sainte Opportune percérent les murs de son cloître, la réputation de sa sainteté se répandit dans tout le pays,
où sa mémoire est encore très-chere.

Ce fut Saint Adelin, Évêque de Sées, qui re-
cueillit les Actes de Sainte Opportune, deux cents
ans après sa mort, en exécution d'un vœu qu'il
avoit fait : mais il est facile de voir que le Saint
Evêque a mis dans l'exécution de son vœu un peu
plus de zèle que de saine critique ; & les philoso-
phes auront bien de la peine à croire les miracles
du Pré-Salé, & de la résurrection des oiseaux.

Quoi qu'il en soit, il n'est pas moins certain qu'Opportune fut une très-grande Sainte dans le cloître,
comme Godegrand fut un très - grand Saint sur le
siége Pontifical ; & ces vertueux personnages seront
toujours sans contredit la plus grande gloire de la
Ville d'Exmes qui les a vus naître.

CHAPITRE XI.

Rollon s'empare du Comté d'Exmes.

ON voit arriver dans les maisons des Souverains ce qui arrive dans celles des particuliers ; le pére amasse, & les fils dissipent.

Charlemagne, par sa politique & par ses conquêtes, avoit formé un Empire immense qui comprenoit la France, l'Allemagne & l'Italie ; mais ses descendans le laissérent démembrer de toutes parts, par indolence & par lâcheté.

Différens peuples des bords de la mer Baltique faisoient, depuis long-tems, des incursions dans le Royaume de France ; au lieu de les combattre & de les dissiper par la force des armes, les Rois fainéans prenoient le parti d'acheter leur retraite à force d'argent.

C'étoit prendre un très-bon moyen pour les revoir : aussi ne manquoient-ils pas de revenir ; & ils se décidérent même à prendre les terres de si bonnes-gens, qui les payoient pour les dévaster.

Dans cette intention, Rollon, un des principaux chefs de ces troupes vagabondes, après avoir parcouru les côtes de Flandres & d'Angleterre, se porta sur les côtes de la Neustrie, remonta la Seine jusqu'à Rouen, s'empara de cette ville, & menaça long-tems Paris.

Charles-le-Simple, qui s'endormoit sur le Trône des François, fut forcé de se réveiller à ce bruit, mais ce n'étoit pas le tems de renvoyer avec de l'argent des guerriers qui étoient décidés à se fixer dans le pays; & il fallut en venir à un accommodement.

Charles-le-Simple & Rollon se rendirent donc à St. Clair-sur-Epte, où ils traitérent en Souverains. Rollon promit de se faire Chrétien; & Charles lui donna en mariage sa fille Giflette, & lui céda la Neustrie, qu'il ne pouvoit plus garder, avec la suzeraineté de la Bretagne; condition dont les Ecrivains Brétons ne veulent pas convenir, comme si elle retranchoit quelque chose du mérite de leur Nation.

Par le traité de St. Clair-sur-Epte, conclu en 912, la Neustrie prit le nom de Normandie, qu'elle porte encore aujourd'hui; & la ville d'Exmes, après avoir appartenu aux Romains, aux Saxons & aux Francs, passa sous le joug d'un Prince Danois : mais il paroît que les Offimiens n'eurent point à se plaindre de Rollon, qui fit rendre justice à son peuple avec tant d'exactitude, qu'il fut surnommé le Grand-Justicier, surnom qui vaut bien celui de Victorieux & de Conquérant.

CHAPITRE XII.

Hugues, Comte de Paris, assiége la ville d'Exmes.

Rollon, n'ayant point eu d'enfans de Giflette-de France, qui ne passoit pas pour lui être fidelle, prît le parti de légitimer Guillaume, son fils naturel, qu'il avoit eu de la belle Bayeuzaine Pope, & de l'inveſtir de ſon vivant du Duché de Normandie; ce qui étoit une très-bonne politique dans ces tems que la loi de la ſucceſſion n'étoit point encore bien affermie.

Guillaume, ſurnommé Longue-épée, après avoir gouverné avec beaucoup de ſageſſe, avoit la penſée d'abdiquer, comme ſon pere, lorſqu'il fut traîtreuſement aſſaſſiné par le Comte de Montreuil, laiſſant ſon fils Richard encore en bas-âge.

Louis d'Outremer, Roi de France, qui tenoit ſa couronne du pere, devoit naturellement protéger l'enfance du fils ; mais oubliant tous les ſervices que lui avoit rendus Guillaume, il fit tous les efforts poſſibles pour enlever la Normandie au petit Richard.

Il commença par montrer tous les dehors du zèle & de l'amitié ; il vint à Rouen, careſſa le petit Richard, promit de lui ſervir de pere, le demanda aux Seigneurs de Normandie pour le faire inſtruire à ſa Cour avec ſon fils Lothaire qui étoit du même âge.

Les Seigneurs de Normandie eurent l'imprudence de mettre entre les mains de ſon plus cruel ennemi le jeune Richard, qui partit pour la Cour de France, accompagné ſeulement de ſon gouverneur Oſmond.

Louis d'Outremer fit bientôt connoître ſes intentions : il commença par mortifier le jeune Prince ſur toute ſorte de prétextes ; & il finit par le mettre aux arrêts, & lui donner des gardes pour l'empêcher de s'évader.

Ce fut alors que les Normands fentirent la faute qu'ils avoient faite; ils jeûnérent pour la réparer; & Dieu infpira à Ofmond un fingulier moyen pour délivrer le jeune Duc. Un jour que les gardes étoient moins attentifs , il prit le Prince , le lia dans une botte d'herbes , le mit de travers fur fon cheval, le fortit de la ville de Laon , & le conduifit chez le Comte de Senlis , fon oncle.

Louis, furieux d'avoir manqué fon coup , réfolut de s'emparer de la Normandie à force ouverte; il fe concerta avec Hugues , comte de Paris, avec lequel il promit de partager les dépouilles du petit Richard , & en conféquence prit la route de Rouen , pendant que Hugues tourna vers Exmes.

La ville d'Exmes , fidelle à fon jeune Seigneur , ne manqua pas de fermer fes portes au comte de Paris. Hugues, après avoir laiffé une partie de fa maifon à St. Evroult & à Gacé , fit avancer fon armée contre la ville , l'affiégea, la battit de tous côtés , ne réuffit d'aucun ; & fut contraint de fe retirer. C'eft peut-être à cette époque que la ville adopta pour fes armoiries l'animal qui eft le fymbole de la fidélité.

CHAPITRE XIII.

Guillaume , fils naturel de Richard , Comte d'Exmes.

RICHARD , qui mérita le nom de *Sans-peur*, après avoir vaincu fes ennemis & affermi fa puiffance, époufa la fille du comte de Paris qui avoit voulu lui ravir fes Etats.

Agnès ne donna point à Richard d'enfant légitime : mais en revanche Gonnor fa maitreffe lui en
donna beaucoup de naturels , entre lefquels on diftingue Richard qui fuccéda à la couronne ducale ,
& Guillaume qui fut apanagé du Comté d'Exmes.

Lorfque Guillaume eut pris poffeffion du Château
d'Exmes, il ne voulut pas rendre hommage à Richard
fon frère ; & il crut que le Comte d'Exmes pouvoit
défier le Duc de Normandie ; en conféquence il fe
rempara , & promit de fe bien défendre.

Le Duc Richard fut obligé d'appeller le Comte
d'Ivri , qui étoit le Turenne de ce tems-là , & le
chargea de réduire le Comte d'Exmes.

Le Comte d'Ivri , obligé de combattre pour un de
fes neveux , contre un de fes neveux , parut en 998
avec une forte armée devant la ville d'Exmes , la
battit long-tems fuivant les formes ufitées dans ces
tems-là , la réduifit enfin ; & prit fon neveu prifonnier qu'il emmena à Rouen , où il fut enfermé dans
une tour.

Il y refta cinq ans , & s'en évada par un ftra-
tagême fingulier : un de fes amis lui fit tenir dans
une bouteille une longue corde, le long de laquelle
il fe gliffa , & prit la fuite.

Mais , en recouvrant la liberté , le Comte d'Exmes
ne recouvra point fes biens ; & après avoir prome-
né quelque tems fa chétive exiftence chez fes amis,
qui étoient bien refroidis, il fe décida à faire un effort pour rentrer en grace avec le Duc.

Un jour que Richard prenoit fon plaifir à chaf-
fer dans la Forêt de Verneuil, Guillaume d'Exmes
fe préfenta à lui dans un état pitoyable , le vifa-

ge abattu, les cheveux épars, les habits déchirés ;
& se jetta à ses genoux, qu'il tint long-tems em-
braſſés, sans proférer un seul mot.

Richard, qu'on surnommoit le Bon, ne put tenir ; les larmes lui coulérent des yeux ; il fit relever
son frere, l'embraſſa étroitement, lui rendit toute
son amitié ; & non-seulement le remit en poſſeſ-
sion de ses terres, mais il les augmenta conſidéra-
blement, & lui fit épouser la fille du comte Tur-
chetil, très-riche héritiére.

C'eſt cette femme, nommée Eſſeline, qui a fait
bâtir l'abbaye de St. Pierre-sur-Dives, & qui y a
choiſi sa sépulture, suivant l'uſage de ce tems-là.

CHAPITRE XIV.

Robert surnommé le Diable, Comte d'Exmes.

GUILLAUME laiſſa beaucoup d'enfans d'Eſſeline, sa
femme, & aucun ne lui succéda dans le Comté
d'Exmes ; ce qui paroît prouver qu'on réservoit toujours cette Seigneurie pour un des premiers Princes du sang Ducal.

En effet Robert, second fils de Richard le Bon,
en fut apanagé : c'étoit un Prince aimable, vif &
léger ; & qui fut surnommé le Diable pour ses vi-
vacités.

Il n'eſt point étonnant que ce Prince, tel qu'on
nous l'a peint, ne voulût point rendre hommage
à son frere Richard, à son égal. A peine eut-il
pris poſſeſſion du château d'Exmes, qu'il réſolut de

marcher fur les traces de Guillaume, fon oncle & fon prédéceffeur; & qu'il fe mit en état de fe défendre contre fon frere, armé des forces de la Province.

Robert commença par mettre dans fon parti tous les Seigneurs du pays d'Exmes; & au lieu d'attendre fon frere dans le château, comme avoit fait Guillaume, il fe trouva dans le cas de tenir la campagne, & s'empara même du château de Falaife.

Richard vint l'y affiéger avec une forte armée; & les freres étoient prêts d'en venir aux mains, lorfque des médiateurs fe mirent entre-deux, & cimentérent la paix.

La paix faite, Richard s'en retourna à Rouen, où il ne tarda point à mourir, non fans foupçon d'avoir été empoifonné par fon frere; parce que le peuple eft toujours porté à faire des jugemens téméraires, & qu'il ne croit point que les Princes doivent mourir naturellement comme d'autres.

Quoi qu'il en foit, le Comte d'Exmes fe fit reconnoître duc de Normandie par tous les Seigneurs de la Province, gouverna fes Etats avec beaucoup de fageffe: & celui qu'on appeloit le Diable aimoit beaucoup les Prêtres & les Moines, fit bâtir l'Abbaye de Cerify, où il fe retiroit fouvent; & mourut faintement, en revenant d'un pélerinage qu'il fit à Jérufalem.

CHAPITRE XV.

Henri Premier, Roi de France, affiége la Ville d'Exmes.

Les Seigneurs de Normandie eurent beau engager Robert à prendre une femme ; il n'en voulut jamais rien faire. Il préféra la liberté aux liens du mariage ; & il prit feulement pour maitreffe la fille d'un bourgeois de Falaife, nommée Arlette, dont il eut Guillaume.

Guillaume, qui eft fans contredit le plus célèbre des Ducs de Normandie, & qui joignoit la politique à l'art du Guerrier, fachant que les Seigneurs d'Exmes avoient donné beaucoup d'affaires aux Ducs de Normandie, garda toujours en fes mains une place auffi importante ; & fit-faire une route qui partoit du château, & qui alloit jufque dans le Cotentin, à laquelle on donna le nom de Levée-de-Guillaume.

Ce Prince eut beaucoup de peine à maintenir fur fes épaules le manteau ducal de Normandie. Les Seigneurs, excédés de fon humeur altiére, tentérent plufieurs fois de lui ôter, fous prétexte de bâtardife ; & Guillaume eut befoin, pour fe foutenir, du Roi de France, Henri premier.

Lorfqu'il put s'en paffer, il ne le ménagea plus ; & le vaffal fut fouvent en guerre contre fon Seigneur & fon bienfaiteur.

A l'occafion de ces différentes guerres, Henri

dévafta plufieurs fois les environs d'Exmes ; & en 1060, il réfolut de s'emparer du château, & d'enlever la couronne à Guillaume, pour lequel il avoit une fois verfé fon fang dans les plaines d'Argences.

Henri avoit affemblé une armée de cent mille hommes, capable de conquérir un Empire : il avoit avec lui Geofroy-Martel, comte d'Anjou, le plus grand capitaine de ces tems-là, & le plus redoutable ennemi de Guillaume. Toutes ces forces, fi bien conduites, vinrent échouer contre le château d'Exmes.

Henri épuifa toutes les reffources de l'art pour s'emparer de cette place, qui lui étoit néceffaire ; & n'ayant pu réuffir, il fe rua fur le Pays-d'Auge, fur le Lieuvain & fur le Roumois, qu'il dévafta cruellement ; puis il fe retira dans fon Royaume, où il ne tarda pas à mourir.

CHAPITRE XVI.

Robert-de-Bellême s'empare de la Ville d'Exmes.

EDOUARD, tout Saint qu'il étoit, n'avoit fûrement point droit de donner par Teftament le Royaume d'Angleterre à un étranger. Ce fut pourtant en vertu du Teftament d'Édouard, que Guillaume de Normandie s'empara de l'Angleterre.

Quoi qu'il en foit, Guillaume victorieux fut applaudi d'avoir mis fur la tête d'un Duc de Normandie la Couronne d'Angleterre , & mérita le furnom de Conquérant.

Après fa mort , fes fils partagérent bien vite fes États ; Robert Courte-botte, qui étoit l'aîné , garda le Duché de Normandie ; Guillaume le Roux , qui étoit le fecond , prit le Royaume d'Angleterre ; Henri , qui étoit le dernier , n'eut rien d'abord , & finit par tout avoir.

Robert Courte-botte, Duc de Normandie , avoit dans Robert de Bellême , Comte d'Alençon , un vaffal puiffant, qui ne craignoit guère fon Seigneur fuzerain ; ils eurent enfemble beaucoup de conteftations , & le théâtre de la guerre fut prefque toujours dans les environs d'Exmes.

Un jour Courte-botte , vint camper à Almenèches , de Bellème vint l'attaquer dans fes retranchemens ; & le Duc fut obligé de fe retirer avec perte dans fon château d'Exmes , où il fut reçu par Malher qui en étoit Gouverneur.

Courte-botte n'ofoit plus tenir la campagne ; il fe tenoit renfermé dans le Château , où Guillaume Comte d'Évreux , Rotrou Comte de Mortagne & Gilbert de Laigle , lui amenérent un renfort confidérable de troupes.

Alors , il fe décida à fortir du Château , & à tenter une action décifive ; les deux armées fe rencontrèrent à Chaillioné , où il fe livra un fanglant combat. Robert de Bellême fut encore victorieux , mît en fuite l'armée de Courte-botte , & s'avança auffitôt vers la ville d'Exmes , qui fut obligée de lui ouvrir fes portes.

CHAPITRE XVII.

Gilbert d'Exmes fait naufrage en paffant en Angleterre.

Henri, le plus jeune des fils du Conquérant, s'empara d'abord de l'Angleterre, après la mort de Guillaume le Roux, qui fut tué, en chaffant, par Gautier Tirel ; puis de toute la Normandie, fur Robert Courte-botte, après l'éloquent fermon de l'Évêque de Sèes.

Ce Prince fe plaifoit beaucoup à Exmes ; il augmenta le Château, ou plutôt il en fit bâtir un nouveau, dont il confia le gouvernement à Gilbert, fon favori, qui étoit le plus bel homme de ce tems-là.

Henri, paifible poffeffeur de la Normandie, dont il avoit dépouillé le pauvre Courte-botte, défira paffer avec toute fa Cour dans fon Royaume, emmenant avec lui Guillaume Adelin, le feul fils légitime qu'il eût, âgé de dix-huit ans, Richard, fon fils naturel, la Comteffe de Mortagne fa fille, & une troupe de jeunes Seigneurs, entre lefquels brilloit Gilbert d'Exmes.

Arrivés à Barfleur où devoit fe faire l'embarquement, Henri partit le premier, laiffant fes fils qui devoient monter le vaiffeau nommé *la Blanche-Nef*, qui avoit été préparé pour le Roi lui-même.

Guillaume Adelin fit diftribuer du vin aux Matelots & aux Pilotes, qui en prirent plus que de raifon ;

&

qui brisèrent contre un rocher le Navire chargé de toutes les espérances de Henri, de sa famille & de ses trésors.

Les fils de Henri, sa fille, la plus brillante jeunesse de Normandie, tout fut englouti au fond des eaux.

On n'apprend pas brusquement aux Rois ce qui est capable de les affliger ; & comment apprendre cette catastrophe à Henri ? Il fallut se servir du ministére d'un enfant pour balbutier la triste nouvelle ; & aussitôt Henri tomba sans connoissance, agité d'un furieux transport, & nommant toujours dans son délire Guillaume Adelin & Gilbert d'Exmes.

CHAPITRE XVIII.

Gilbert de Clairai détruit le nouveau Château d'Exmes, bâti par Henri.

LE triste naufrage de Barfleur occasionna bien des guerres en Normandie pour la succession de Henri.

Après la mort de ce Prince, les opinions furent très-fort partagées sur son successeur. Les Anglais, en vertu de la Loi Salique, qui exclud les filles de la couronne de France, prirent pour Roi Étienne de Boulogne. Les Normands n'étoient pas d'accord ; les uns prirent parti pour Étienne de Boulogne ; les autres, avec plus de justice, pour la fille de Henri qui avoit épousé le Comte d'Anjou.

C

Ce Comte, ayant appris la mort de son beau-père, envoya promptement en Normandie Mathilde sa femme pour se faire reconnoître.

Mathilde, qui étoit une héroïne, vint d'abord à Exmes, où elle fut reconnue pour héritiére de Henri ; Guinalgazou qui en étoit Gouverneur, lui remît le château, avec les forteresses d'Argentan & de Domfront ; & par ce moyen la Ville d'Exmes, qui avoit dépendu des Romains, des Saxons, des Francs & des Danois, dépendit des Angevins.

Cependant les Seigneurs de Normandie qui tenoient pour Étienne de Boulogne n'étoient pas tranquilles. Gilbert de Clairai, de la maison de l'Aigle, qui étoit de ce parti, tenta une expédition contre la Ville d'Exmes. Il s'empara du nouveau Château, bâti par Henri, brûla l'Église Notre-Dame, & fit dans les formes le siége de la vieille Ville & du vieux Château ; mais les habitans se défendoient vigoureusement, & donnèrent le tems au Comte d'Alençon de venir à leur secours.

Guillaume d'Alençon, qui étoit du parti du Comte d'Anjou, fondit sur les assiégeans, les surprit, les dissipa, prit plusieurs prisonniers de marque, & faillit prendre le cruel Gilbert de Clairai lui-même.

CHAPITRE XIX.

*Philippe-Augufte , Roi de France , s'empare
de la Normandie , & met un Gouverneur
dans la Ville d'Exmes.*

LES Rois de France fe fouvenoient toujours
d'avoir poffédé la Normandie ; mais il n'étoit pas
facile de l'arracher des mains de fes Ducs , fur-tout
des fucceffeurs du Comte d'Anjou , qui poffédoient
en outre l'Angleterre , l'Anjou , la Guyenne & le
Poitou. La Ville d'Exmes refta donc entre les mains
de Plante-Genêt , de Henri II fon fils , & de Richard
Cœur-de-lion , fon petit-fils ; & ce ne fut que fóus
Jean Sans-terre qu'elle paffa à Philippe-Augufte.

Philippe - Augufte profita de la foibleffe du Roi
Jean pour réunir la Normandie à la Couronne ; mais
il falloit au moins un prétexte , & le prétexte ne
manqua pas.

Jean fut foupçonné d'être l'auteur de la mort de
fon neveu Artur , qu'il avoit fait prifonnier de guerre
& confiné dans une tour ; & fur ce foupçon , Philippe-Augufte cita le Duc de Normandie à compa-
roître devant la Cour des Pairs , à Paris , pour fubir
le jugement.

Il y avoit beaucoup à préfumer que le Roi d'Angleterre ne comparoîtroit pas pour répondre fur l'accufation intentée au Duc de Normandie ; & en effet
le Roi Jean ne comparut pas.

C

Philippe-Augufte ne fit pas moins procéder à fa condamnation, il y étoit trop intéreffé ; & quoique le crime ne fût pas bien prouvé , Jean Sans-terre ne parut pas moins coupable : il fut donc condamné par contumace, & la Province de Normandie confifquée au profit du Roi de France.

Ce n'étoit pas affez de la confifcation ; il falloit des troupes pour l'appuyer : en conféquence Philippe-Augufte leva une armée ; & entra dans la Normandie, dont il s'empara facilement, & qui, géographiquement parlant, convient mieux à un Roi de France, qu'à un Roi d'Angleterre.

A peine Philippe-Augufte eut-il réuni à la Couronne la Province de Normandie, qui en étoit diftraite depuis plus de trois cents ans, qu'il changea les Gouverneurs des Châteaux , & qu'il donna à Afculfe la garde de celui d'Exmes en 1216.

CHAPITRE XX.

Les Seigneurs d'Alençon poffedent la Ville d'Exmes.

En 1219, la ligne mafculine des Comtes d'Alençon, dé la maifon de Montgommeri, venant à s'éteindre par la mort de Robert IV , Philippe-Augufte réunit à la Couronne la Seigneurie d'Alençon.

Cette Seigneurie, très confidérable , qui avoit appartenu aux Bellême & aux Montgommeri , a toujours été donnée en apanage aux Princes du

Sang - royal de France, & on y a toujours joint la Seigneurie d'Exmes.

On doit donc compter parmi les Seigneurs d'Exmes Pierre de France, fils de Saint Louis ; Charles de Valois I, qui paſſoit pour le plus grand guerrier & le plus grand politique de ſon ſiécle, & duquel on a dit qu'il fut frère de Roi, oncle de Roi, pere de Roi, gendre de Roi, beau-pere de Roi, & jamais Roi ; Charles de Valois II, qui pour ſa valeur fut ſurnommé le Magnanime, & qui fut tué à la fameuſe bataille de Crécy ; & Charles de Valois III, ſous lequel la Ville d'Exmes fut vivement aſſiégée par les Anglois.

Les Anglois qui n'avoient point reconnu la conſiſcation du Duché de Normandie, en faveur de Philippe-Auguſte, avoient toujours bonne envie de recouvrer cette Province, & ils profitérent de la minorité de Charles de Valois III, pour eſſayer de prendre la Ville d'Exmes.

Ils débarquérent dans le Cotentin, ayant à leur tête le Duc de Lancaſtre ; avancérent dans le pays, s'emparant de différentes places-fortes ; & vinrent mettre le ſiége devant Exmes, où ils trouvérent une réſiſtance à laquelle ils ne s'attendoient pas.

Ils furent obligés de lever le ſiége ; & de colére ils ſe jettérent ſur le Melierault, qu'ils prirent d'aſſaut, pillérent, & détruiſirent de fond - en - comble.

CHAPITRE XXI.

Jacques le Gris , Gouverneur de la Ville d'Exmes pour Pierre II , Comte d'Alençon.

ENTRE les différens Gouverneurs , que les Comtes d'Alençon établirent dans la Ville d'Exmes , on diftingue Jacques le Gris , dont les aventures font fi figuliéres , qu'on en compoferoit volontiers un poëme ou un roman.

Jacques le Gris, qui n'étoit pas très-fortuné, avoit pris le parti de l'Églife ; mais la fcolaftique de ce tems-là le rebuta bientôt , & il préféra le fervice du Roi à celui des autels. L'abbé le Gris , devenu Officier , fervit avec beaucoup de diftinction dans les armées de Charles V., Roi de France : mais les travaux de Mars le rebutérent encore ; & il les quitta pour le fervice de la Cour , qui étoit plus de fon goût.

Il choifit la Cour de Pierre II , Comté d'Alençon, où il ne manqua pas de briller & de faire fortune. Pierre II étoit un Chevalier fort aimable, dévot & galant, qui donnoit des biens à l'Églife & à fes Maitreffes ; & Jacques le Gris étoit un Écuyer fort complaifant, qui entroit dans tous les goûts de fon maître , & qui gagna toute fa confiance.

Le Comte d'Alençon alloit faire des parties chez la Dame de Blandi, fa maitreffe ; Jacques le Gris l'y accompagnoit. Il alloit enfuite faire des retraites à la Chartreuse du Val-Dieu ; Jacques le Gris l'y suivoit encore.

Par toutes ses complaisances Jacques le Gris mérita les faveurs de Pierre II ; il n'étoit pas riche, & Pierre II l'enrichit ; il n'avoit que la terre de St Loyer, & Pierre II y joignit les terres d'Aunou-le-fauçon, de Goulet, de Tanques, & de Fontenai.

Outre ces biens, les charges & les dignités pleuvoient encore sur Jacques le Gris ; Pierre II le fit Gouverneur d'Exmes, quoiqu'il ne fût que simple Écuyer ; & un des premiers gentils-hommes de sa Chambre, quoiqu'il ne fût pas un des premiers gentils-hommes du Comté.

Ces graces firent des jaloux, & attirérent à Jacques le Gris beaucoup d'ennemis, du nombre desquels fut Jean de Carrouges, qui étoit un homme noir, dur, mélancolique, que le Gris accabloit de sarcasmes & de plaisanteries.

CHAPITRE XXII.

Accusations intentées contré Jacques le Gris.

JEAN de Carrouges, retiré dans ses terres, médita la vengeance la plus singuliére ; & forma, pour perdre le Gris, des accusations qui le déhonoroient lui-même.

Il répandit que, pendant son absence, Jacques le Gris avoit voulu souiller sa couche ; que le nommé Louvet, ministre de ses plaisirs, étoit entré chez

fa femme, dans l'inftant qu'elle étoit feule, fous le
prétexte de demander du délai pour le payement
d'une fomme de cent livres, dont il étoit redeva-
ble ; & en effet pour lui parler de l'amour dont
Jacques le Gris brûloit pour elle ; que Jacques le
Gris étoit entré auffitôt, qu'il avoit dit beaucoup
de douceurs à la dame, qu'il avoit offert une grande
fomme d'argent ; que ne réuffiffant point encore,
il s'étoit mis à jurer & à maugréer ; qu'il avoit pris
la dame de Carrouges par le bras, qu'il l'avoit en-
traînée dans un cabinet, & qu'il l'avoit violentée
par le fecours de fon miniftre Louvet.

Il ne faut pas demander fi Jacques le Gris, qui
étoit un Cavalier aimable, & qui croyoit n'avoir
pas befoin d'une femblable reffource, fut fingulié-
rement piqué ; il en fit fes plaintes à Pierre II,
auquel il demanda juftice.

Pierre II affembla fa Cour, qui étoit compofée
d'Évêques, d'Abbés, de Chevaliers, de Juges de
robe-courte, de Juges de robe-longue, & de Jurif-
confultes ; & cita Jean de Carrouges pour y com-
paroître, & prouver fes accufations.

Jean de Carrouges fe donna bien de garde de
paroître à la cour du Comte ; en conféquence les
Juges prononcérent défaut ; &, après avoir examiné
le vague & l'inconféquence des accufations, décla-
rérent Jacques le Gris abfous, avec dépens & in-
térêts.

CHAPITRE XXIII.

Le procès de Jacques le Gris , évoqué au Parlement de Paris.

JEAN de Carrouges ne s'en tint pas là ; il évoqua l'affaire au Parlement de Paris , auquel il préfenta fa plainte infamante , fans alléguer ni le jour , ni l'heure , à laquelle Jacques le Gris avoit dû s'introduire chez la dame de Carrouges.

Le Parlement admit la plainte de Carrouges , qu'il auroit pu rejetter ; & fit procéder à l'inftruction du procès de le Gris.

On entendit pour témoins, Louvet & la femme-de-chambre de la dame de Carrouges ; ni Louvet, ni la femme-de-chambre ne chargérent le Gris : pour mieux favoir la vérité , on les emprifonna & on les mît à la torture, fuivant l'ufage de ce tems-là , & ils ne dépoférent encore rien.

Jacques le Gris produifit des mémoires pleins de fageffe & d'éloquence , qui démontroient l'abfurdité de l'accufation ; il alléguoit qu'il s'étoit toujours comporté en homme d'honneur , & qu'il étoit fingulier qu'il eût attendu à l'âge de cinquante ans pour effayer de plaire aux femmes des autres , pour les féduire & les violenter ; qu'il n'avoit jamais vu qu'une feule fois Marie de Thibouville , feconde femme de Jean de Carrouges , & qu'il ne lui avoit même pas parlé ; qu'il étoit extraordinaire qu'il n'y eût perfonne au Château de Capomenil , chez la belle-mere d'un Chevalier ; & qu'une femme robuste n'eût laiſſé aucune marque de ſa colére , aucune égratignure ſur ſon indigne ſéducteur ; que de Carrouges , qui avoit la réputation d'être jaloux à la fureur , ne devoit pas étre cru ; qu'il devoit au moins articuler l'heure préciſe , & non pas citer en général une troiſiéme ſemaine du mois de Janvier : que d'ailleurs il n'avoit pu ſe trouver à Capomenil dans aucuns des jours de la prétendue ſemaine ; que le lundi il étoit allé à deux lieues d'Argentan chez ſon ami Belloteau , où il étoit reſté juſqu'au mercredi ; que le mercredi il s'étoit rendu à Alençon , pour aſſiſter au ſouper du Comte ; que le jeudi il avoit préſenté à ce Seigneur ſes amis Belloteau & Taillepied , & qu'il avoit eu l'honneur de ſouper avec le Prince ; que le vendredi il étoit revenu dans ſa terre d'Aunou ; que le ſamedi il étoit allé à Argentan ; & que dans ladite ſemaine il y avoit toujours eu au moins neuf lieues (1) entre la dame de Carrouges & lui.

CHAPITRE XXIV.

Le Parlement ordonne le Combat.

L E crime imputé au Gouverneur d'Exmes étoit de toute impoſſibilité ; eût-il été réel, il n'étoit point prouvé ; il convenoit donc de renvoyer le Gris abſous : mais ce fut préciſément parce que le crime n'étoit pas conſtant, que le Parlement ordonna le

---

(1) Capomenil eſt à deux lieues de St Pierre-ſur-Dives.

combat à toute outrance ; c'étoit la maniére de juger de ce tems-là.

Pour un crime qui pouvoit être chimérique, on exposoit les parties à en commettre un réel : car enfin, ou le Gris étoit coupable, ou il ne l'étoit pas ; s'il étoit coupable , on l'exposoit à arracher encore la vie à celui dont il avoit ravi l'honneur ; s'il ne l'étoit pas , on l'exposoit à périr de la main de son indigne accusateur.

On exécutoit encore de semblables Sentences avec toute la solemnité possible. Les principaux Seigneurs , & les Rois mêmes , honoroient de leur présence l'exécution.

On prépara donc l'arène dans le quartier du Temple ; on éleva des échaffauds pour les spectateurs, pour le Roi, pour la Cour , pour les Seigneurs, qui accoururent à ce spectacle des Provinces les plus éloignées.

Lorsque tout fut prêt, le Gris fut armé Chevalier , & les deux champions entrèrent dans la lice. Ils combattirent d'abord à cheval, la lance en arrêt ; mais il ne purent jamais se faire vuider les étriers, & il fallut descendre pour combattre à pied.

Le Gris blessa d'abord Carrouges , & il alloit remporter une victoire complette sur son accusateur, lorsqu'il tomba par accident. Carrouges , au lieu de le relever comme un brave Chevalier, se précipita sur lui , le pressant d'avouer son crime ; mais le Gris persista toujours à le nier, jurant sur son Dieu & sur la damnation de son ame, qu'il étoit innocent : & aussitôt Carrouges lui plongea cruellement son épée dans le sein.

CHAPITRE XXV.

Le corps de Jacques le Gris pendu au gibet de Mont-Faucon, & ses biens confisqués.

CARROUGES, après avoir commis ce meurtre juridique, se présenta d'abord devant le Roi, qui lui fit compter mille francs, pour le récompenser de la belle action qu'il venoit de faire.

Le meurtrier s'achemina ensuite vers l'Eglise Notre-Dame, pour remercier Dieu, lui faire des présens, & lui offrir le prix du sang qu'il venoit de répandre; comme si la Divinité avoit dicté elle-même l'arrêt! comme si elle avoit autorisé un semblable combat! comme si le Dieu, qui avoit rejetté les présens de Caïn, avant qu'il eût tué son frere, avoit dû recevoir ceux de Jean de Carrouges, dont les mains étoient encore dégouttantes du sang de Jacques le Gris!

Jean de Carrouges ne devoit certainement point attendre de récompenses du Ciel; mais le Parlement lui en donna de considérables: il lui adjugea la somme de six mille livres d'or, à prendre sur les biens de Jacques le Gris, pour avoir intenté une accusation si raisonnable, pour avoir si bien exécuté la sentence, & pour avoir fait l'office de bourreau si adroitement.

La famille de le Gris, pour satisfaire l'accusateur & le meurtrier juridique de l'infortuné Gouverneur, fut obligée de vendre toutes les terres de Fontenai, de Goulet, de Tanques, d'Aunou, de St. Loyer, avec le noble Fief de Méhérend, qui s'étend dans les paroisses de Francheville & de la Lande-de-Gul.

On prît le corps de Jacques le Gris, qui n'étoit sûrement pas coupable, qui avoit démontré son innocence, & on le pendit au gibet de Mont-Faucon. Jean de Carrouges, à qui ses acculations, sa victoire & ses récompenses ne saisoient point d'honneur, quitta la Normandie & passa en Afrique, où il mourut ; & sa femme ayant appris sa mort, se fit Récluse, & s'enferma dans une cellule pour y faire pénitence.

Toutes ces scènes d'horreurs se passèrent en 1386.

CHAPITRE XXVI.

La Ville d'Exmes rentre sous la domination des Anglois.

J'ai un peu appuyé sur le procès singulier de Jacques le Gris, Gouverneur d'Exmes ; & je reviens à la Ville.

Henri V, Roi d'Angleterre, qui croyoit bien avoir le droit de recouvrer la Normandie, que ses ancêtres avoient possédée, & qui vouloit profiter de la foiblesse de Charles VI, comme Philippe-Auguste avoit profité de celle de Jean Sans-terre, descendit plusieurs fois en Normandie pour conquérir cette Province. La première descente s'opéra en 1415, qu'il gagna la bataille d'Azincour ; & la feconde en 1417 qu'il conquit toute la Province.

Il s'empara d'abord, fans réfiftance, de Bayeux & de Caen ; puis il pénétra dans le Duché d'Alen-çon, dont toutes les places étoient dégarnies.

Il prit d'abord le Château d'Argentan, qui fe ren-dit auffi-tôt ; puis celui d'Alençon, qui voulut en-core faire bonne contenance, & qui fut obligé de fe rendre au bout de huit jours.

Ce fut d'Alençon que Henri envoya un détache-ment de fes troupes, qui entrèrent dans les Villes d'Effai, de Seès & d'Exmes, comme dans leur hé-ritage.

Henri traitoit ainfi toutes les Villes de la Nor-mandie, où il établit pour Seigneurs & pour Gou-verneurs les Anglois qui l'avoient fuivi.

Par lettres du 12 Avril 1418, il établit Leyntale Gouverneur d'Exmes & Bailli , lui conférant les pouvoirs civils & militaires.

Leyntale s'acquitta avec beaucoup d'intégrité de fa commiffion. Il fit publier que tous les fujets du Duc d'Alençon, qui avoient quitté leurs terres & leurs maifons, à l'arrivée des Anglois, pouvoient y rentrer, & qu'il ne leur feroit point fait de mal. Il fit encore une recherche exacte de tous les bri-gands, qui étoient communs dans ces tems de cala-mité, & les fit punir très-févèrement.

CHAPITRE XXVII.

Le Comte de Dunois reprend la ville d'Exmes sur les Anglois.

LES Anglois poffédoient non-feulement la Ville d'Exmes & toute la Normandie ; mais ils régnoient dans Paris & fur prefque toute la France ; & n'appeloient plus que Roi de Bourges le légitime héritier du Royaume, Charles VII, qui étoit retiré dans le Berry.

Les Troupes Françoifes n'ofoient plus guére tenir la campagne ; elles étoient totalement abattues ; & il fallut fe fervir d'une finguliére politique pour leur rendre le courage, qui leur eft fi naturel.

On mit à la tête de ce Peuple guerrier & toujours galant, une jeune fille, nommée Jeanne d'Arc, & plus connue fous le nom de *Pucelle d'Orléans.* Cette héroïne célèbre entra la premiére dans la ville d'Orléans, qu'elle fecourut ; conduifit Charles VII à Rheims, où il fut facré ; fit des prodiges de valeur en plufieurs rencontres ; & finit par être brûlée, comme forciére, par les Anglois, qui n'étoient point encore philofophes.

Les Généraux de Charles VII achevérent les conquêtes commencées par la Pucelle ; & le Comte de Dunois, le plus célèbre de tous, après avoir pris Bernai, Orbec, Crevecœur & Livarot, parut devant les murs d'Exmes, le 30 Septembre 1449.

La garnifon Angloife fe défendit très-généreu

fement ; mais au bout de quatorze jours il fallut ca-pituler ; & elle obtint la liberté de fe retirer, vie & bagues fauves, où elle jugeroit à propos.

Depuis lors la Ville d'Exmes n'eft point retour-née au pouvoir des Anglois. Ils confervent feule-ment de vieilles prétentions ; & leurs Rois pren-nent encore la qualité de Ducs de Normandie, comme les Rois de France prennent celle de Rois de Navarre, comme les Ducs de Savoye prennent celle de Rois de Chypre, fans que tout cela tire à conféquence.

CHAPITRE XXVIII.

Louis XI prend la Ville d'Exmes fur le Duc de Berry, fon frere.

APRÈS la mort de Charles VII, qui fe laiffa mourir de faim, de peur d'être empoifonné par fon fils ; Louis XI, qui avoit bonne envie de ré-gner, monta fur le trône de France.

C'étoit un Prince cruel, rufé, ambitieux, qui fit ériger des échaffauds dans tout le Royaume, & qui croyoit affermir fon pouvoir en répandant le fang de fes fujets.

Les mauvaifes qualités de Louis XI, les vexa-tions en tout genre qu'il exerçoit fur tous les or-dres de l'Etat, excitérent des murmures, & enfin une révolte prefque générale.

Le célèbre Comte de Dunois, qui avoit rendu tant de fervices au Royaume, fut du nombre des révoltés. Le Duc de Berry, frere du Roi, fe mit

à la

à la tête des mécontens ; & cette grande confédération prît le beau nom de *Ligue du bien public.*

Louis XI fut obligé de céder : il accorda aux principaux Seigneurs tout ce qu'ils demandoient , in-
veſtit ſon frere du duché de Normandie ; & , par
ce traité , la ville d'Exmes vint au pouvoir de Charles Duc de Berry.

Ce ne fut pas pour long-tems : Louis XI ne garda
ſa parole qu'autant de tems qu'il lui en fallut pour
pouvoir la violer avec ſuccès ; il diviſa pour écra-
ſer , ſuivant ſa politique ordinaire ; gagna pluſieurs
Seigneurs de Normandie ; & , lorſqu'il fut ſûr de la
conquête , il entra dans la Province avec une forte
armée.

La Ville d'Exmes vit alors devant ſes murs ce
Prince cruel , que tous les Hiſtoriens ſe plaiſent à
noircir. Il l'aſſiégea , la battit , la prît ; deſtitua tous
les Officiers établis par ſon frere , & en nomma de
nouveaux , qu'il crut ſes meilleurs amis , & les plus
grands ennemis des Anglois , qu'il craignoit toujours
de revoir en Normandie.

CHAPITRE XXIX.

Deſtruction du Château d'Exmes.

Il paroît que le ſiége que Louis XI fit au Château d'Exmes eſt le dernier qu'il ait éprouvé. Cet
antique Château, qui a vu périr tant de ſoldats des
armées de Hugues-le-Grand, du Comte d'Ivry, du
Roi de France Henri I, des Seigneurs d'Alençon

& des Anglois, fut enfin rafé fous le bon Henri, en 1591.

La Ville, qui avoit été bâtie fous les aufpices de Mars, n'a plus guére daté ; & elle a fupporté tant de pertes depuis Clovis, qu'elle eft prefque réduite à rien. Toutes les Villes voifines fe font approprié fes dépouilles.

La ville de Seès, qui n'étoit qu'une centenie relevante d'Exmes, s'eft emparée du fiége Epifcopal. Les villes de Lifieux & de Bayeux ont envahi une partie de l'ancien territoire, en ont formé chacun un Archidiaconé ; & la ville d'Exmes, où fiégeoit Litarède, n'eft plus que le chef-lieu d'un des Archidiaconés de Seès.

La ville d'Alençon, heureufement affife dans une campagne fertile, fur les rives de la Sarte, où les puiffans Seigneurs de la maifon de Bellême & de celle de Montgommery ont long-tems tenu leur cour, n'a pu manquer de s'agrandir ; elle s'eft emparée de tous les pouvoirs civils du Comté d'Exmes : & cette ville, qui n'étoit qu'une centenie relevante de la ville d'Exmes, eft aujourd'hui le chef-lieu d'un Grand-Bailliage, dont le Bailliage d'Exmes n'eft plus qu'un démembrement.

La ville d'Argentan eft trop proche de la ville d'Exmes, pour n'avoir pas profité de fes débris : elle s'eft emparée d'une partie de la Jurifdiction, relevante encore du Bailliage d'Exmes par appel.

Jufqu'au petit Bourg de Gacé, qui s'eft jetté au milieu des ruines de cette ancienne Cité, & qui s'eft approprié fon Grenier-à-Sel.

CHAPITRE XXX.

Etat actuel de la Ville d'Exmes.

Il ne reste plus à la ville d'Exmes, de son ancienne splendeur, qu'un Bailliage fort étendu, qu'il est bien à propos de lui conserver. Le plaideur honnête, qui trouvera la justice sur la montagne, n'aura pas sujet de se plaindre ; & ce ne sera point un mal que les accès difficiles rebutent un peu la tortueuse chicane.

La Seigneurie qui faisoit jadis l'apanage des premiers Princes du sang Ducal de Normandie, & qui a toujours été réunie au domaine des Ducs d'Alençon, du sang Royal de France, appartient aujourd'hui à Monsieur, frere de Louis XVI, célèbre par sa sagesse & sa bienfaisance.

A la place de l'ancienne Eglise Notre-Dame, qui fut brûlée par le cruel Gilbert de Clairai, on a érigé un Prieuré de Bénédictines, dont Mad^e de Vaufremont est Supérieure, sur la résignation de Mad^e de Turbilly ; & il n'y a plus qu'une Eglise paroissiale, sous l'invocation de St. André, desservie par M. Boudin, qui orne de ses propres mains les autels du Seigneur, dont il est lui-même le plus bel ornement.

M. Bernart-de-Courmesnil, d'une ancienne maison, tient d'une main sûre les balances de Thémis. M. Buisson fait observer la police avec autant de douceur que de fermeté ; & M. l'abbé le Jeune, vice-gérent à l'Officialité de Seès, qui cueille les fleurs de la littérature fur les épines du Droit Canon, & qui tempére la gravité du Théologien par la gaîté du Sage, fait les fonctions de Conseiller.

Il y a eu à Exmes, le 9 Mas 1789, une assemblée du Tiers-Etat, de tout le Bailliage, en conséquence des Lettres de Sa Majesté pour la convocation des Etats-Généraux.

On vient de donner à la seule rue qui forme la ville, un petit air riant, en fermant les portiques, qui lui donnoient un air sombre & lugubre.

Les Habitans se sont emparés à l'envi du terrain anciennement occupé par les fossés, les glacis, les bastions & les tourelles : dans l'endroit où les soldats, armés de piques, montoient la garde, le pacifique bourgeois se promène au milieu des fleurs qu'il cultive ; & plante des légumes, où l'on plantoit jadis des drapeaux.

En fouillant la terre dans ces ruines, le cultivateur trouve souvent des chaînes, des colliers, des anneaux, des morceaux de lance, des flèches, des javelots, des pièces de monnoie & des médailles, qui pourroient servir à éclaircir quelques points d'Histoire ; mais il ne s'est trouvé personne jusque aujourd'hui, qui se soit avisé de disserter sur ces monumens antiques, & de mériter une place à l'Académie des Inscriptions.

FIN

TABLE DES MATIÉRES.

FIN de la Table.

www.ingramcontent.com/pod-product-compliance
Lightning Source LLC
Chambersburg PA
CBHW061320060726

47596CB00003B/997